Impressum
Verlag: BABADADA GmbH, Nedderfeld 112 , 22529 Hamburg
Geschäftsführer / Verlagsleitung: Harald Hof
Druck: Books on Demand GmbH, In de Tarpen 42, 22848 Norderstedt

Imprint
Publisher: BABADADA GmbH, Nedderfeld 112 , 22529 Hamburg, Germany
Managing Director / Publishing direction: Harald Hof
Print: Books on Demand GmbH, In de Tarpen 42, 22848 Norderstedt, Germany

kool

escuela

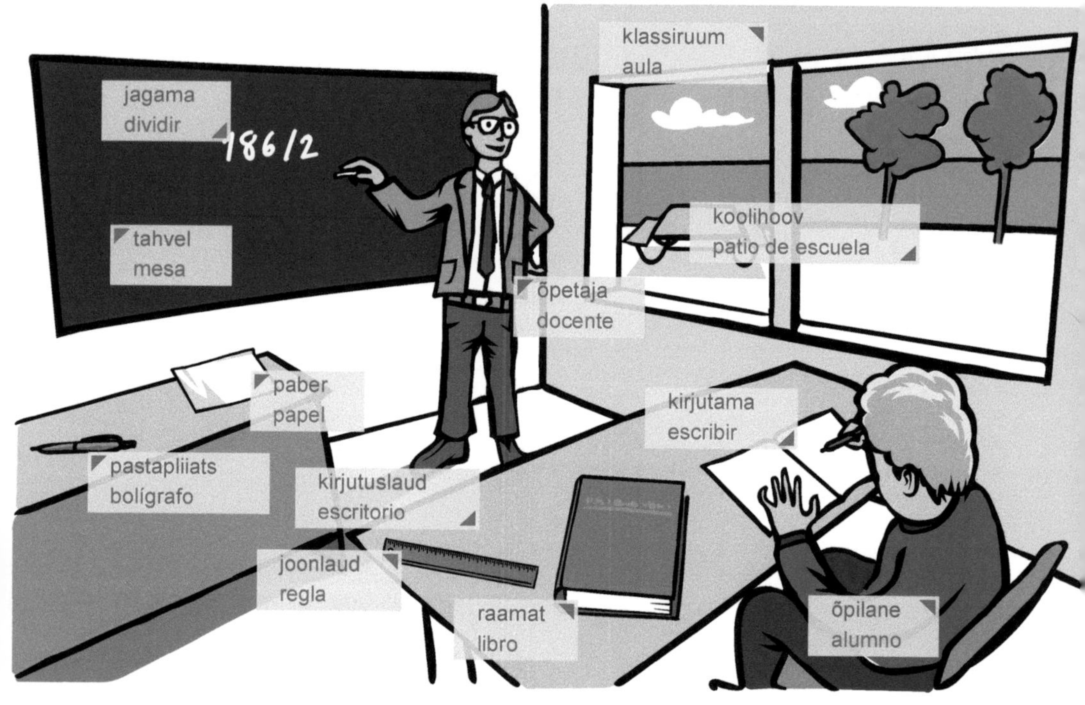
klassiruum
aula
jagama
dividir
186/2
tahvel
mesa
koolihoov
patio de escuela
õpetaja
docente
paber
papel
kirjutama
escribir
pastapliiats
bolígrafo
kirjutuslaud
escritorio
joonlaud
regla
raamat
libro
õpilane
alumno

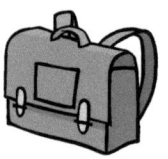

koolikott

mochila escolar

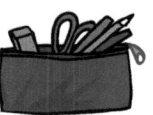

pinal

caja de lápices

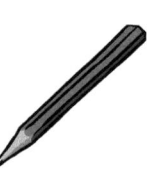

harilik pliiats

lápiz

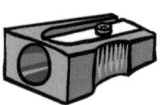

pliiatsiteritaja

sacapuntas

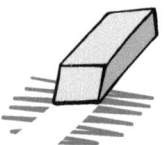

kustukumm

goma de borrar

joonistusplokk

bloc de dibujo

joonistus

dibujo

pintsel

pincel

värvikarp

caja de pinturas

käärid

tijera

liim

pegamento

töövihik

libro de ejercicios

kodutöö

tarea

number

número

liitma

sumar

lahutama

restar

korrutama

multiplicar

arvutama

calcular

täht

letra

tähestik

alfabeto

sõna

palabra

tekst

texto

lugema

leer

kriit

tiza

koolitund

lección

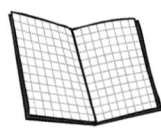

klassipäevik

libro de clase

eksam

examen

tunnistus

certificado

koolivorm

uniforme escolar

haridus

educación

entsüklopeedia

enciclopedia

ülikool

universidad

mikroskoop

microscopio

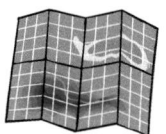

kaart

mapa

paberikorv

cesto de papeles

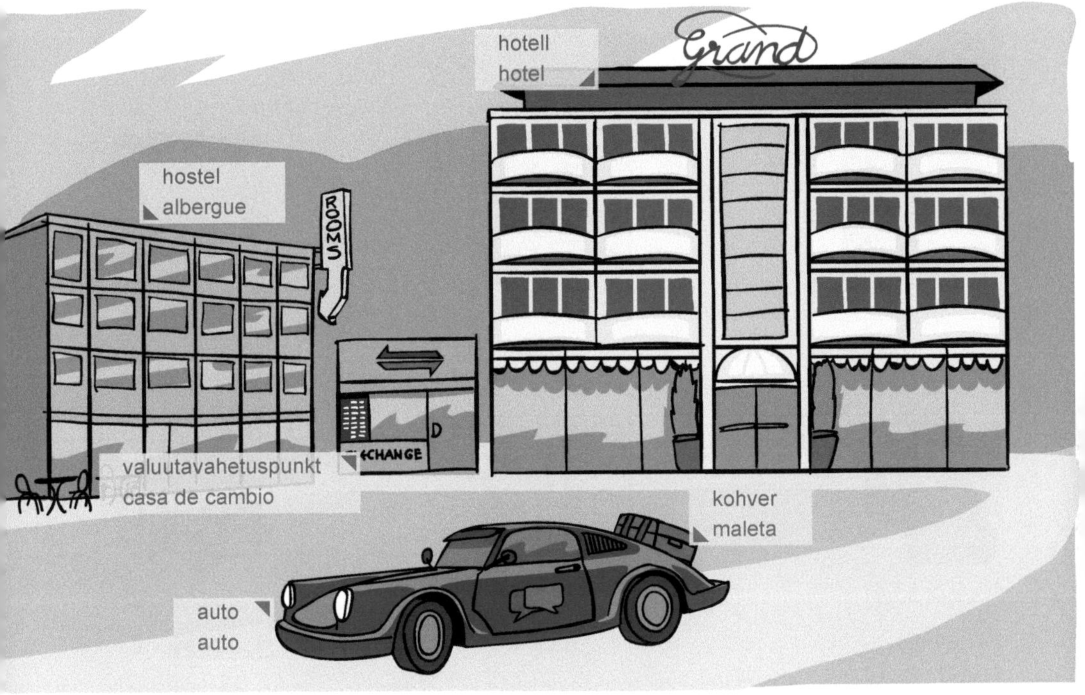

hotell
hotel
Grand
hostel
albergue
ROOMS
valuutavahetuspunkt
casa de cambio
kohver
maleta
auto
auto

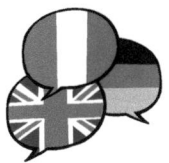

keel

idioma

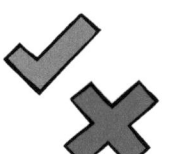

jah / ei

sí / no

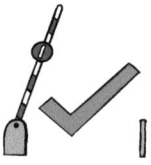

okei

ok

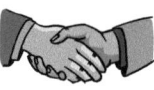

Tere!

hola

tõlk

intérprete

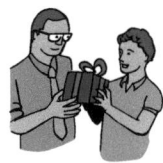

Aitäh!

gracias

Kui palju maksab …?

¿Cuánto cuesta…?

Ma ei saa aru

No entiendo

probleem

problema

Tere õhtust!

¡Buenas tardes!

Tere hommikust!

¡Buenos días!

Head ööd!

¡Buenas noches!

Head aega!

adiós

suund

dirección

pagas

equipaje

kott

bolso

seljakott

mochila

külaline

invitado

tuba

cuarto

magamiskott

saco de dormir

telk

tienda de campaña

turismiinfo

información al turista

rand

playa

krediitkaart

tarjeta de crédito

hommikusöök

desayuno

lõunasöök

almuerzo

õhtusöök

cena

pilet

pasaje

lift

ascensor

postmark

sello

riigipiir

límite

toll

aduana

saatkond

embajada

viisa

visa

pass

pasaporte

transport
transporte

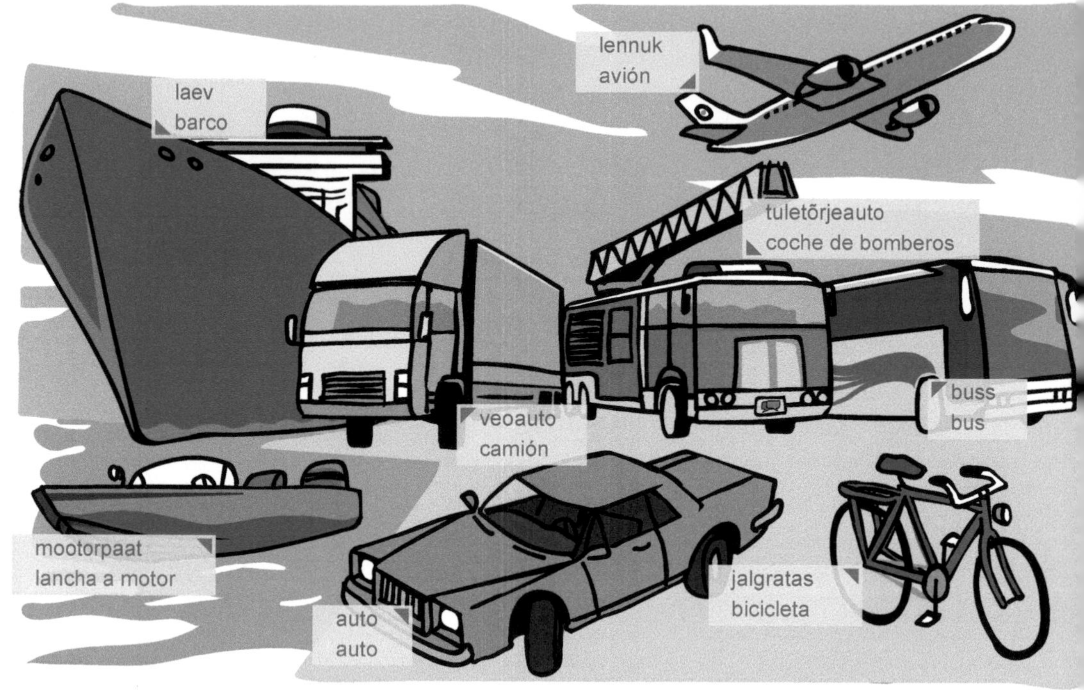
lennuk
avión
laev
barco
tuletõrjeauto
coche de bomberos
buss
bus
veoauto
camión
mootorpaat
lancha a motor
jalgratas
bicicleta
auto
auto

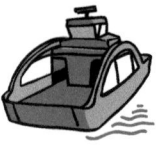

praam

balsa

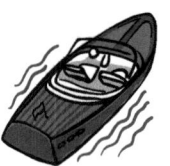

paat

lancha

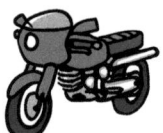

mootorratas

motocicleta

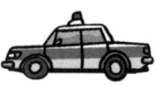

politseiauto

auto de policía

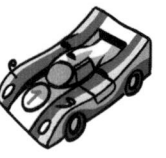

võidusõiduauto

auto de carreras

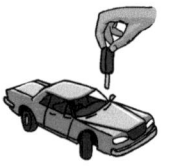

rendiauto

auto de alquiler

ühisauto

alquiler de autos

puksiirauto

grúa

prügiauto

vehículo recolector de basura

mootor

motor

kütus

gasolina

tankla

gasolinera

liiklusmärk

señal de tráfico

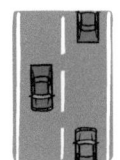

liiklus

tránsito

liiklusummik

atasco

parkla

estacionamiento

raudteejaam

estación de tren

rööpad

carril

rong

tren

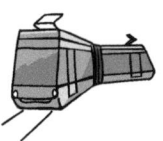

tramm

tranvía

vagun

vagón

helikopter

helicóptero

lennujaam

aeropuerto

torn

torre

reisija

pasajero

konteiner

contenedor

pappkast

caja de cartón

käru

carro

korv

cesta

õhku tõusma / maanduma

despegar / aterrizar

linn

ciudad

küla

aldea

kesklinn

centro de la ciudad

maja

casa

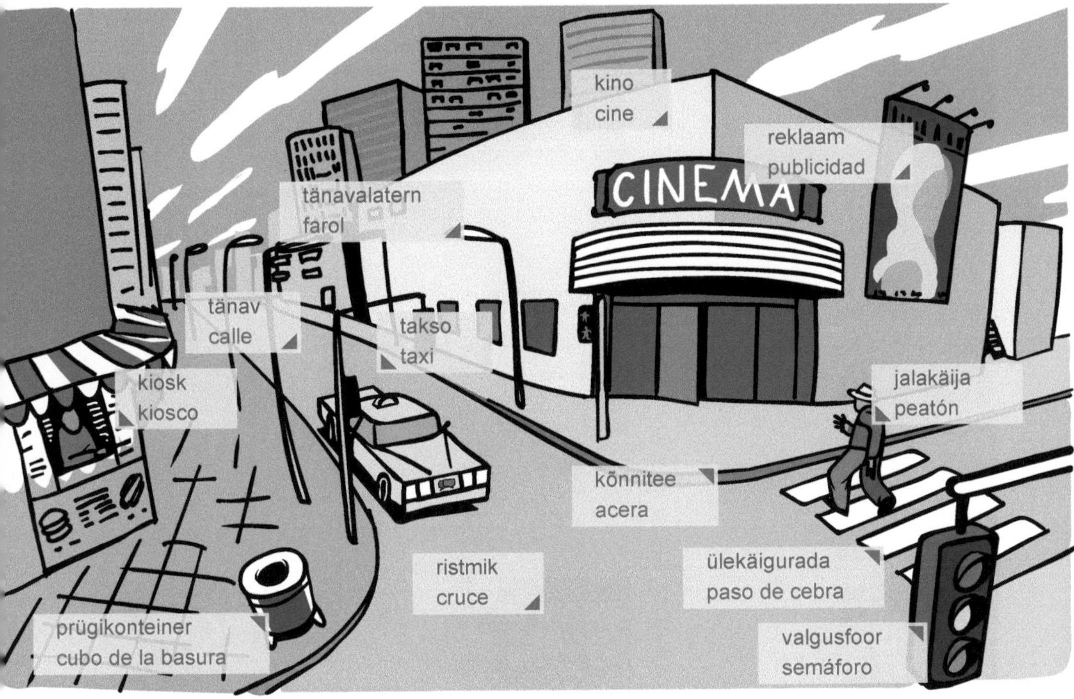

kino
cine

reklaam
publicidad

tänavalatern
farol

CINEMA

tänav
calle

takso
taxi

jalakäija
peatón

kiosk
kiosco

kõnnitee
acera

ristmik
cruce

ülekäigurada
paso de cebra

prügikonteiner
cubo de la basura

valgusfoor
semáforo

osmik

cabaña

kortermaja

apartamento

raudteejaam

estación de tren

raekoda

ayuntamiento

muuseum

museo

kool

escuela

ülikool
universidad

pank
banco

haigla
hospital

hotell
hotel

apteek
farmacia

kontor
oficina

raamatupood
librería

kauplus
negocio

lillepood
florería

supermarket
supermercado

turg
mercado

kaubamaja
grandes almacenes

kalapood
pescadería

kaubanduskeskus
centro comercial

sadam
puerto

park
parque

pink
banco

sild
puente

trepp
escalera

metroo
metro

tunnel
túnel

bussipeatus
parada de autobuses

baar
bar

restoran
restaurante

postkast
buzón de correo

tänavasilt
letrero

parkimisautomaat
parquímetro

loomaaed
zoológico

ujula
piscina

mošee
mezquita

talu
granja

reostus
polución

surnuaed
cementerio

kirik
iglesia

mänguväljak
parque infantil

tempel
templo

maastik
paisaje

leht
hoja

teeviit
indicador de camino

tee
sendero

aas
pradera

kivi
piedra

matkaja
caminante

puu
árbol

jõgi
río

rohi
pasto

lill
flor

org
valle

mägi
montaña

järv
lago

mets
bosque

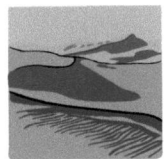

kõrb
desierto

vulkaan
volcán

linnus
castillo

vikerkaar
arco iris

seen
seta

palm
palmera

sääsk
mosquito

kärbes
mosca

sipelgas
hormiga

mesilane
abeja

ämblik
araña

maastik - paisaje

15

mardikas

escarabajo

konn

rana

orav

ardilla

siil

erizo

jänes

liebre

öökull

lechuza

lind

pájaro

luik

cisne

metssiga

jabalí

hirv

ciervo

põder

alce

pais

embalse

tuuleturbiin

aerogenerador

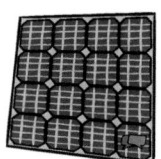

päikesepaneel

módulo solar

kliima

clima

restoran
restaurante

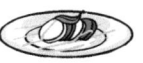

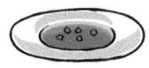

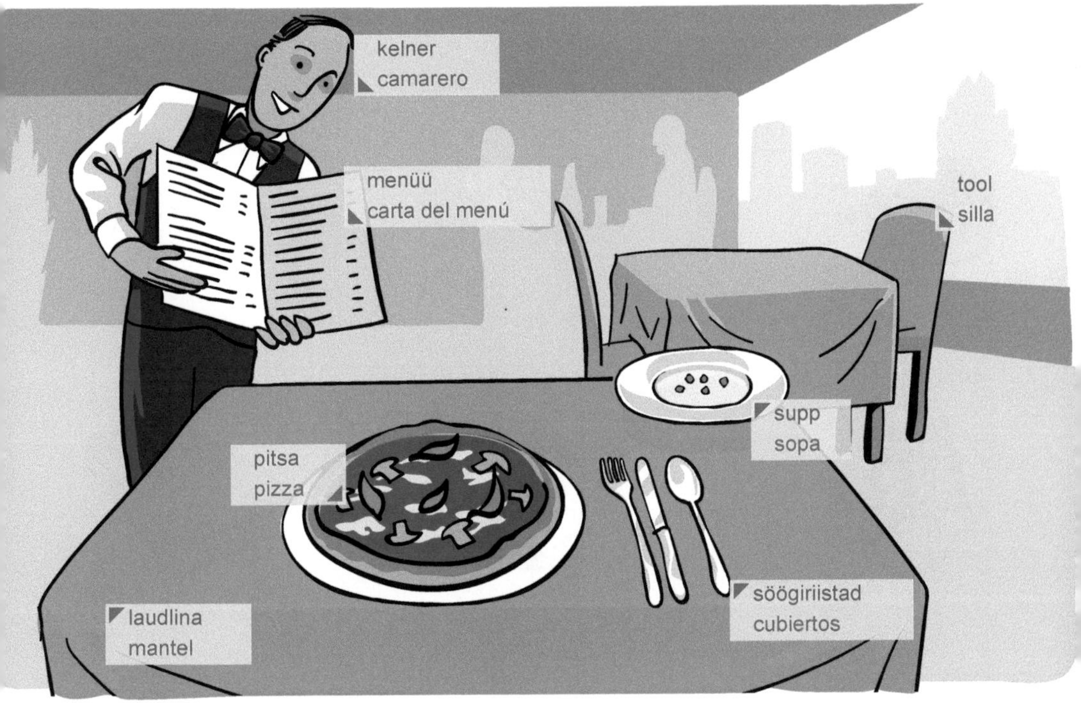

kelner
camarero
menüü
carta del menú
tool
silla
supp
sopa
pitsa
pizza
söögiriistad
cubiertos
laudlina
mantel

eelroog

entrada

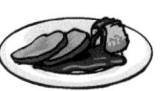

pearoog

plato principal

magustoit

postre

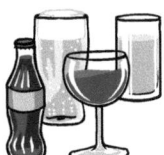

joogid

bebida

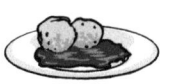

toit

comida

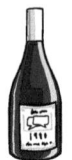

pudel

botella

kiirtoit

comida rápida

tänavatoit

comida callejera

teekann

tetera

suhkrutoos

azucarera

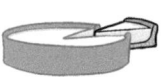

portsjon

porción

espressomasin

máquina de espresso

lastetool

silla alta

arve

factura

kandik

bandeja

nuga

cuchillo

kahvel

tenedor

lusikas

cuchara

teelusikas

cuchara de té

salvrätik

servilleta

klaas

vaso

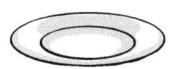

taldrik
plato

supitaldrik
plato de sopa

alustass
platillo

kaste
salsa

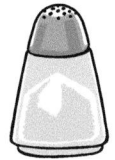

soolatoos
salero

pipraveski
molinillo para pimienta

äädikas
vinagre

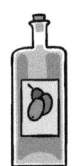

õli
aceite

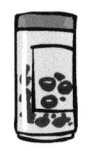

vürtsid
especias

ketšup
ketchup

sinep
mostaza

majonees
mayonesa

supermarket
supermercado

eripakkumine
oferta
FOR
klient
cliente
piimatooted
productos lácteos
puuviljad
fruta
ostukäru
carrito de compras

BUTCHERS

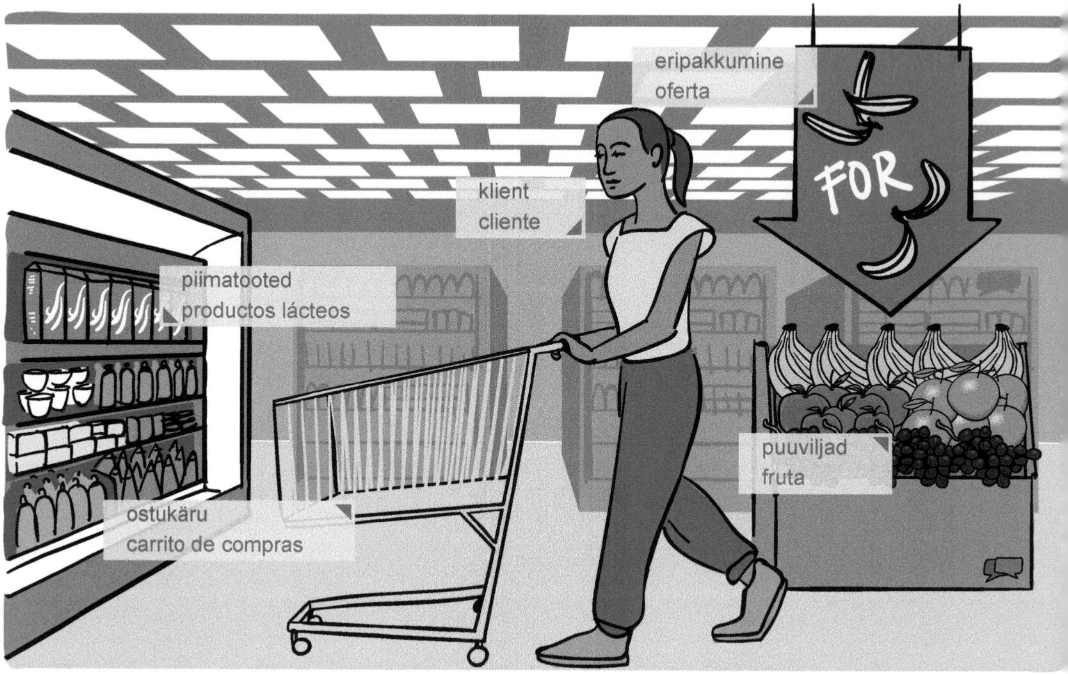

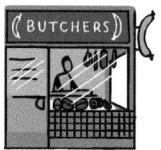

lihapood

carnicería

BAKERY

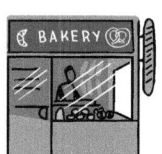

pagariäri

panadería

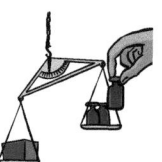

kaaluma

pesar

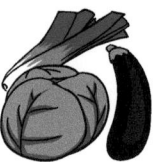

köögiviljad

verdura

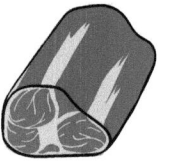

liha

carne

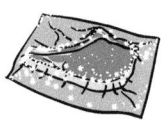

külmutatud toit

alimentos congelados

lihalõigud

fiambre

konservid

conservas

pesupulber

detergente en polvo

maiustused

dulces

majatarbed

artículos domésticos

puhastustooted

productos de limpieza

müüja

vendedora

kassaaparaat

caja

kassapidaja

cajero

ostunimekiri

lista de compras

lahtiolekuajad

horario de atención

rahakott

cartera

krediitkaart

tarjeta de crédito

kott

maleta

kilekott

bolsa plástica

vesi

agua

mahl

jugo

piim

leche

koola

refresco de cola

vein

vino

õlu

cerveza

alkohol

alcohol

kakao

cacao

tee

té

kohv

café

espresso

espresso

cappuccino

cappuccino

banaan

banana

õun

manzana

apelsin

naranja

arbuus

sandía

sidrun

limón

porgand

zanahoria

küüslauk

ajo

bambus

bambú

sibul

cebolla

seen

seta

pähklid

nueces

nuudlid

fideos

spagetid

espagueti

riis

arroz

salat

ensalada

friikartulid

patatas fritas

praekartulid

patatas salteadas

pitsa

pizza

hamburger

hamburguesa

võileib

sándwich

šnitsel

escalope

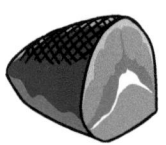

sink

jamón

salaami

salame

vorst

embutido

kana

pollo

praeliha

asado

kala

pescado

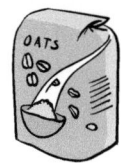

kaerahelbed

copos de avena

müsli

musli

maisihelbed

copos de maíz tostado

jahu

harina

sarvesai

croissant

kukkel

panecillo

leib

pan

röstsai

tostada

küpsised

galletas

või

mantequilla

kohupiim

cuajada

kook

pastel

muna

huevo

praemuna

huevo frito

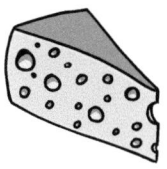

juust

queso

jäätis

helado

suhkur

azúcar

mesi

miel

moos

mermelada

pähklivõie

praliné

karri

curry

talu
granja

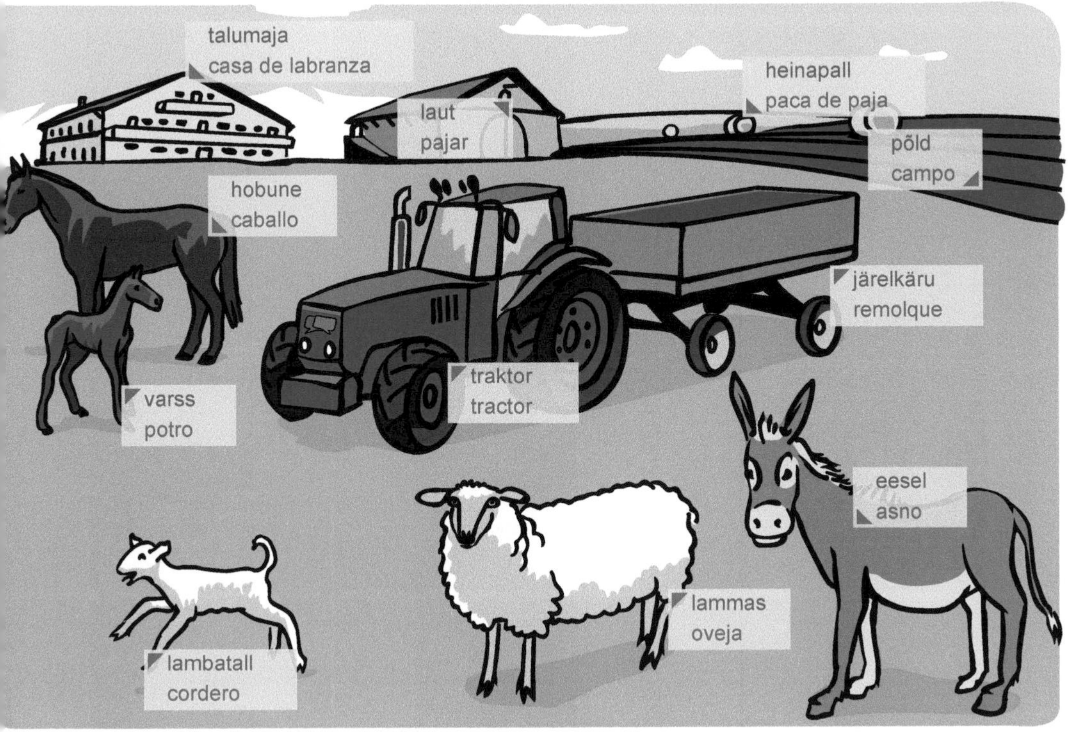
talumaja
casa de labranza
laut
pajar
heinapall
paca de paja
põld
campo
hobune
caballo
järelkäru
remolque
traktor
tractor
varss
potro
eesel
asno
lammas
oveja
lambatall
cordero

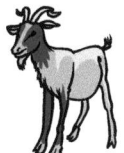

kits
cabra

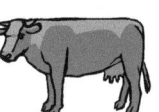

lehm
vaca

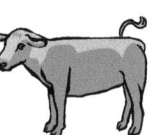

vasikas
ternero

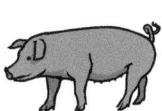

siga
cerdo

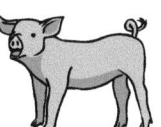

põrsas
lechón

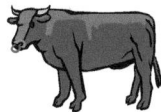

pull
toro

hani

ganso

part

pato

tibu

polluelo

kana

pollo

kukk

gallo

rott

rata

kass

gato

hiir

ratón

härg

buey

koer

perro

koerakuut

caseta del perro

aiavoolik

manguera de riego

kastekann

regadera

vikat

guadaña

ader

arado

sirp

hoz

kõblas

azada

hang

bieldo

kirves

hacha

käru

carretilla

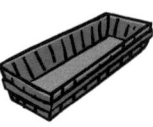

küna

abrevadero

piimanõu

lechera

kott

saco

tara

cerca

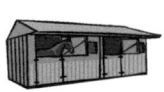

tall

establo

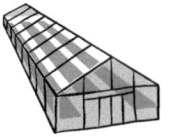

kasvuhoone

invernadero

muld

suelo

seeme

semilla

väetis

fertilizante

kombain

cosechadora

saaki koristama

cosechar

saagikoristus

cosecha

jamss

raíz de ñame

nisu

trigo

soja

soja

kartul

patata

mais

maíz

raps

colza

viljapuu

Árbol frutal

maniokk

mandioca

teravili

cereales

maja
casa

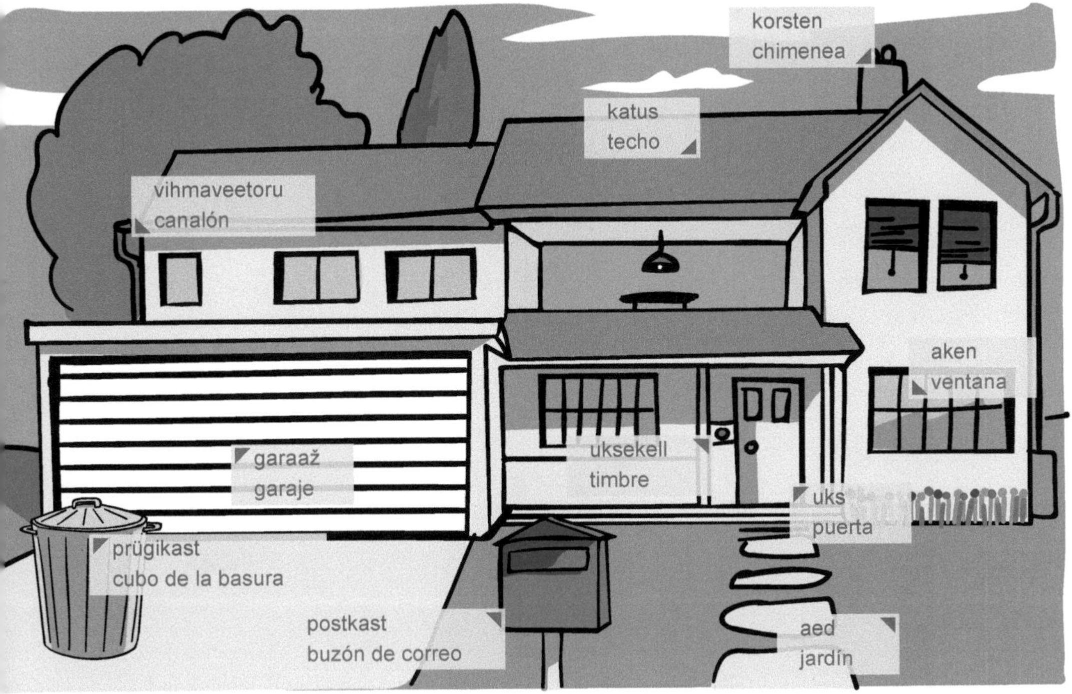
korsten
chimenea
katus
techo
vihmaveetoru
canalón
aken
ventana
garaaž
garaje
uksekell
timbre
uks
puerta
prügikast
cubo de la basura
postkast
buzón de correo
aed
jardín

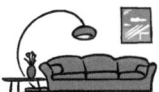

elutuba

cuarto de estar

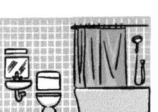

vannituba

cuarto de baño

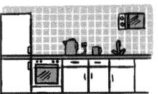

köök

cocina

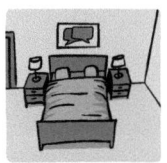

magamistuba

dormitorio

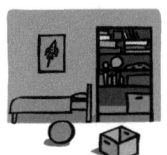

lastetuba

cuarto de los niños

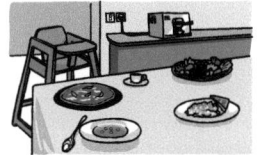

söögituba

comedor

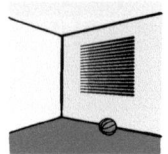

põrand
piso

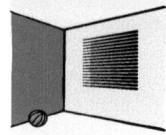

sein
pared

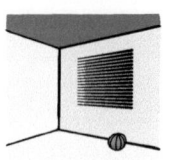

lagi
cielorraso

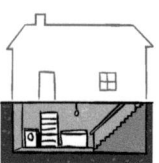

kelder
sótano

saun
sauna

rõdu
balcón

terrass
terraza

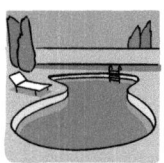

bassein
piscina

muruniiduk
cortacésped

voodilina
funda nórdica

päevatekk
edredón

voodi
cama

luud
escoba

ämber
cubo

lüliti
interruptor

elutuba

cuarto de estar

tapeet
papel para empapelar
pilt
imagen
lamp
lámpara
riiul
estante
kapp
gabinete
televiisor
televisor
kamin
hogar
lill
flor
padi
cojín
diivan
sofá
vaas
florero
kaugjuhtimispult
control remoto

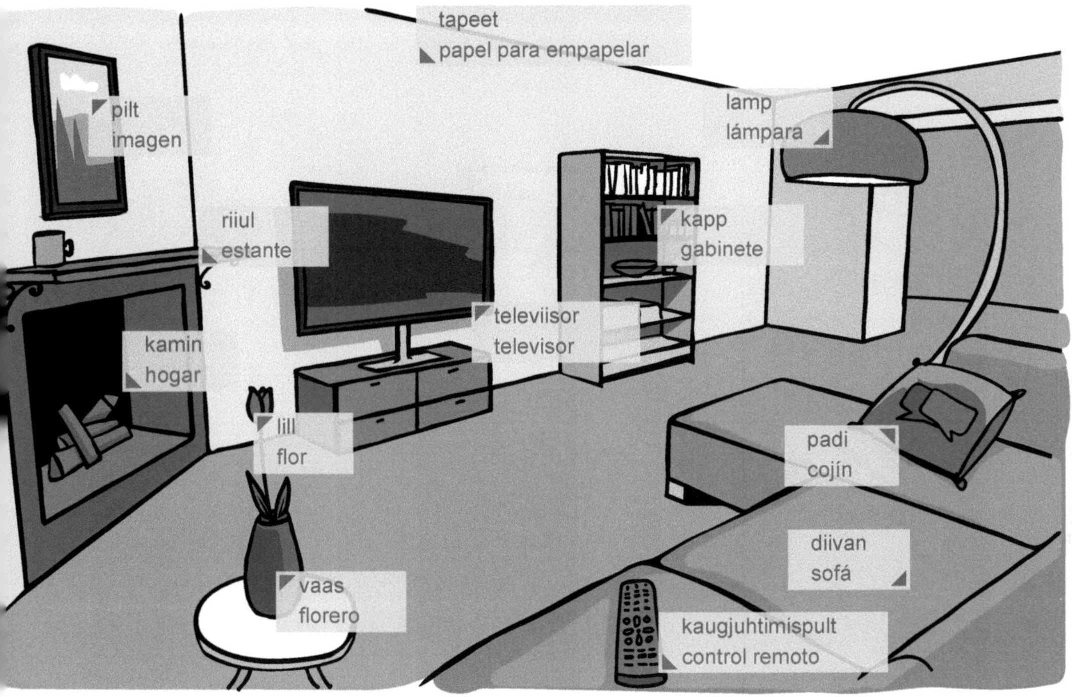

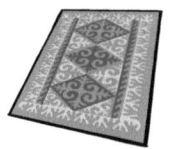

vaip

alfombra

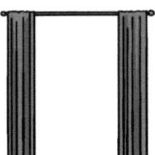

kardin

cortina

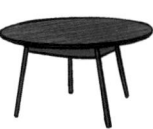

laud

mesa

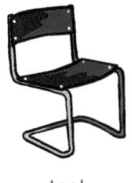

tool

silla

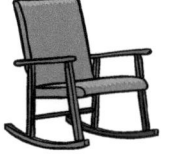

kiiktool

mecedora

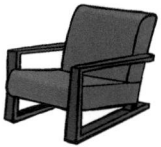

tugitool

sillón

raamat

libro

tekk

frazada

kaunistus

decoración

küttepuud

leña

film

film

helisüsteem

equipo estereofónico

võti

llave

ajaleht

periódico

maal

cuadro

plakat

póster

raadio

radio

märkmik

bloc de notas

tolmuimeja

aspiradora

kaktus

cactus

küünal

vela

köök
cocina

külmik
nevera
mikrolaineahi
horno microondas
köögikaal
balanza de cocina
röster
tostador
pesuvahend
detergente
ahi
horno
sügavkülmik
congelador
prügikast
cubo de la basura
nõudepesumasin
lavaplatos

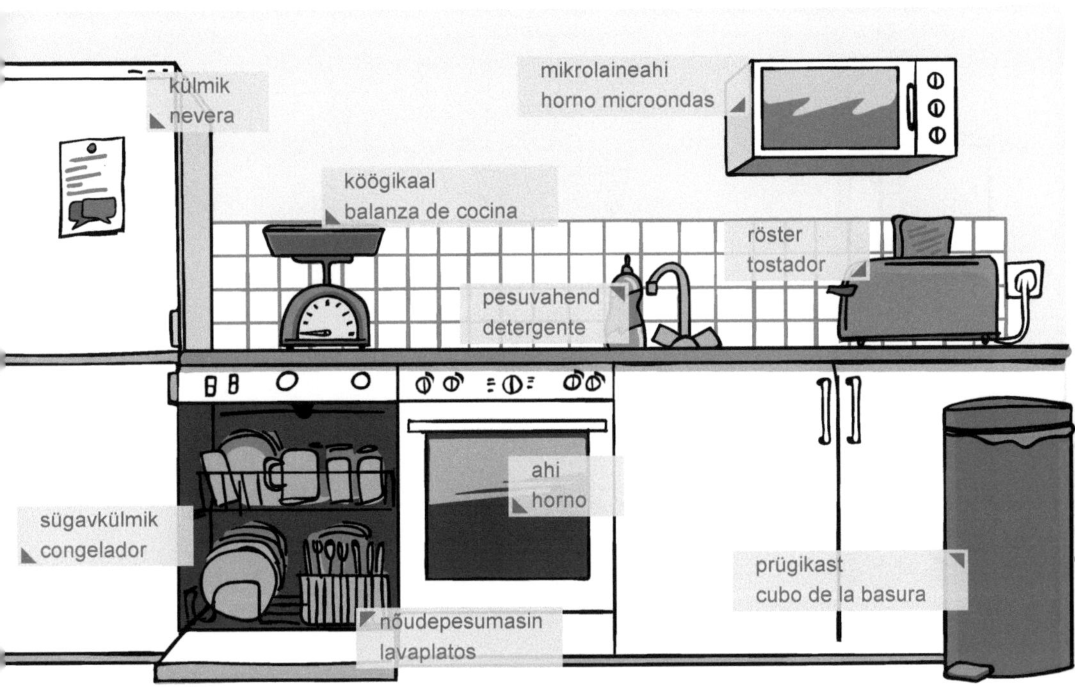

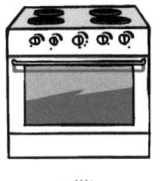

pliit

cocina

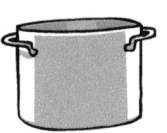

pott

olla

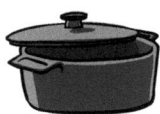

malmpott

olla de fundición de hierro

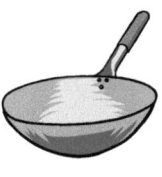

vokkpann

wok / kadai

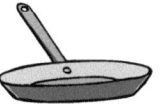

pann

sartén

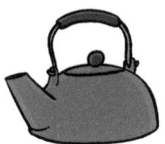

veekeetja

hervidor de agua

aurutaja

olla de vapor

küpsetusplaat

bandeja de horno

lauanõud

vajilla

kruus

vaso

kauss

bol

söögipulgad

palillos para comer

kulp

cucharón de sopa

pannilabidas

espátula

vispel

batidor

kurn

colador

sõel

cedazo

riiv

rallador

uhmer

mortero

grill

parrillada

lahtine tuli

fogata

lõikelaud

tabla de picar

tainarull

rodillo

korgitser

sacacorchos

konservipurk

lata

konserviavaja

abrelatas

pajakinnas

agarrador

kraanikauss

fregadero

hari

cepillo

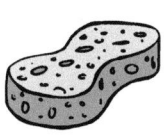

pesukäsn

esponja

kannmikser

batidora

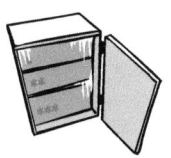

sügavkülmuti

arcón congelador

lutipudel

biberón

segisti

grifo

vannituba
cuarto de baño

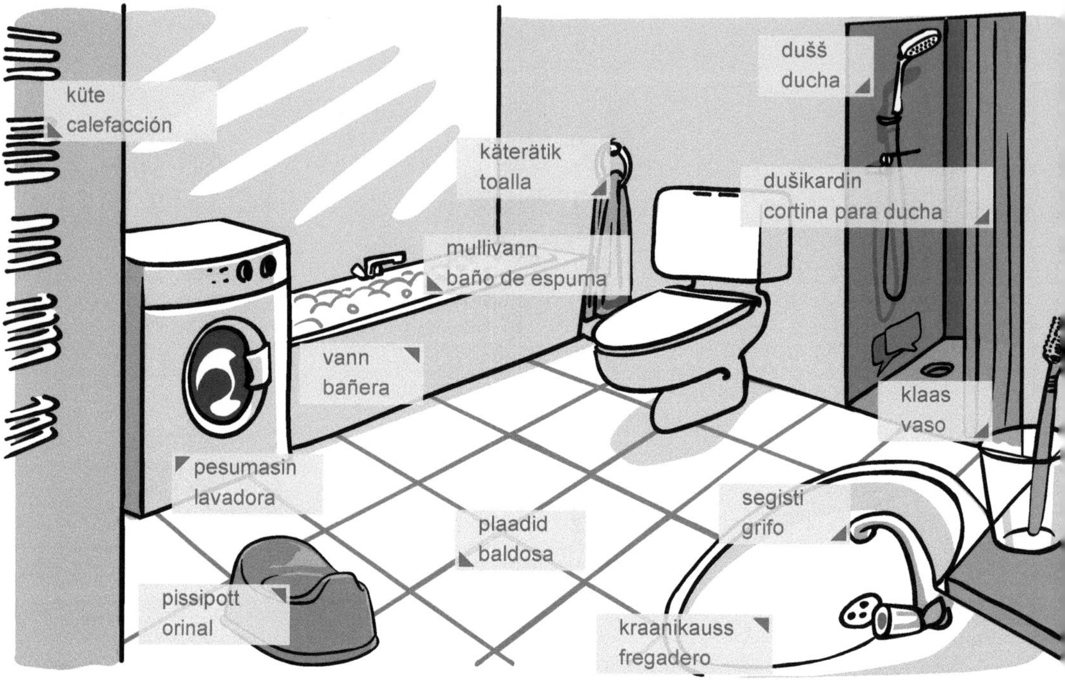

düšš
ducha
küte
calefacción
käterätik
toalla
dušikardin
cortina para ducha
mullivann
baño de espuma
vann
bañera
klaas
vaso
pesumasin
lavadora
segisti
grifo
plaadid
baldosa
pissipott
orinal
kraanikauss
fregadero

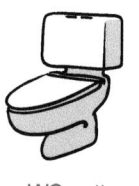

WC-pott

cuarto de baño

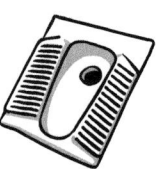

kükitamistualett

placa turca

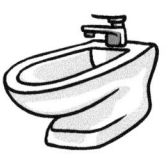

bidee

bidé

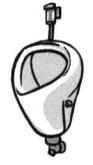

pissuaar

urinario

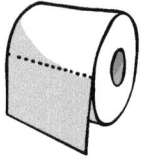

tualettpaber

papel higiénico

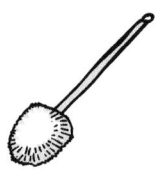

WC-hari

escobilla para el cuarto de baño

hambahari
cepillo de dientes

hambapasta
pasta dentífrica

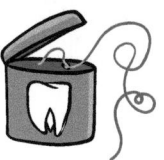

hambaniit
seda dental

pesema
lavar

käsidušš
ducha teléfono

intiimdušš
ducha higiénica

pesukauss
cuenco

seljahari
cepillo para la espalda

seep
jabón

dušigeel
gel de ducha

šampoon
champú

vamm
manopla para baño

äravool
desagüe

kreem
crema

deodorant
desodorante

peegel

espejo

käsipeegel

espejo de maquillaje

habemenuga

máquina de afeitar

raseerimisvaht

espuma de afeitar

habemevesi

loción para después del
afeitado

kamm

peine

hari

cepillo

föön

secador para cabello

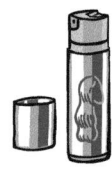

juukselakk

laca de peinado

meigikomplekt

maquillaje

huulepulk

lápiz labial

küünelakk

laca para uñas

vatt

algodón

küünekäärid

tijera para uñas

parfüüm

perfume

tualett-tarvete kott
....
neceser

taburet
....
taburete

kaal
....
balanza

hommikumantel
....
bata de baño

kummikindad
....
guantes de goma

tampoon
....
tampón

hügieeniside
....
compresa

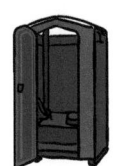

keemiline tualett
....
wáter químico

lastetuba

cuarto de los niños

äratuskell
despertador
pehme mänguasi
animal de peluche
mänguauto
auto de juguete
kõristi
sonajero
nukumaja
casa de muñecas
kingitus
obsequio

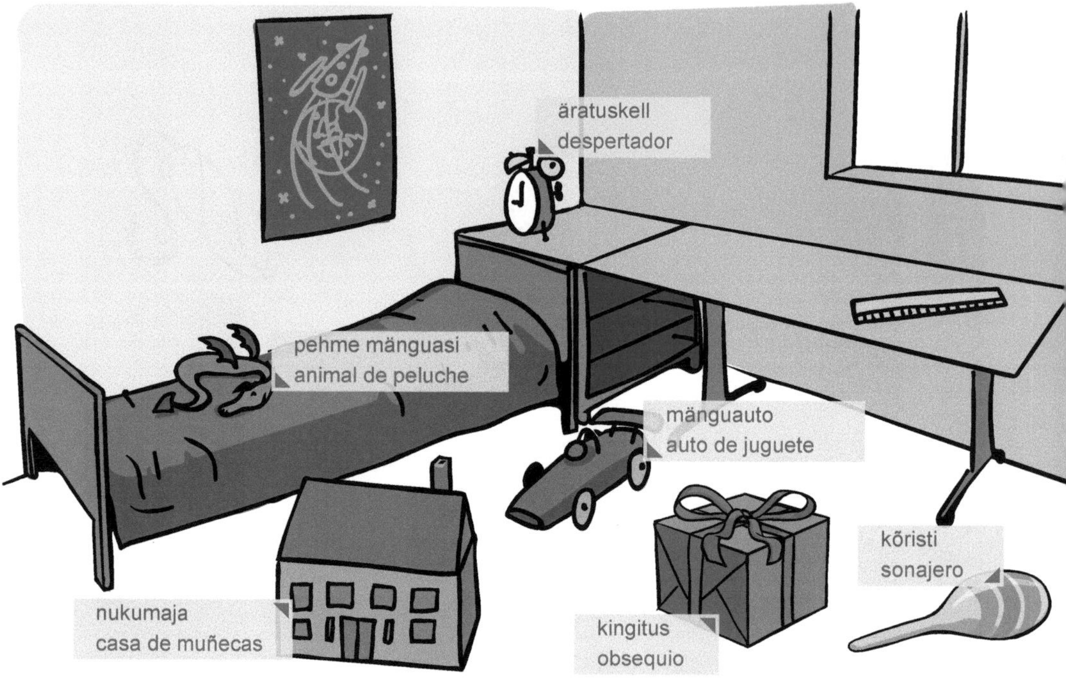

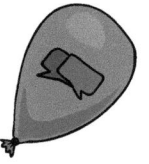

õhupall

globo

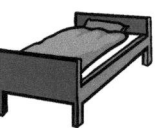

voodi

cama

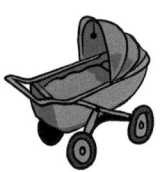

lapsevanker

cochecito para niños

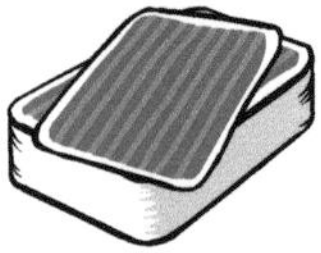

kaardipakk

juego de barajas

pusle

rompecabezas

SUPER
MEGA

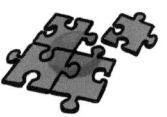

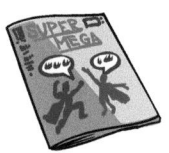

koomiks

cómic

Lego klotsid

piezas de Lego

klotsid

bloques para jugar

kujuke

figura de acción

siputuspüksid

pijama de una pieza

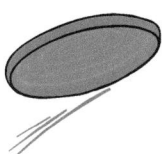

lendav taldrik

frisbee

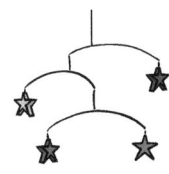

voodikarussell

móvil

lauamäng

juego de mesa

täringud

dado

mudelrong

tren eléctrico a escala

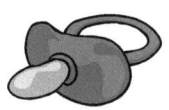

lutt

chupete

pidu

fiesta

pildiraamat

libro de dibujos

pall

pelota

nukk

títere

mängima

jugar

liivakast

arenero

kiik

columpio

mänguasjad

juguetes

mängukonsool

consola de videojuego

kolmerattaline jalgratas

triciclo

mängukaru

osito de peluche

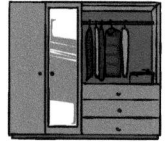

riidekapp

guardarropa

riietus

vestimenta

sokid

calcetines

sukad

medias

sukkpüksid

panti

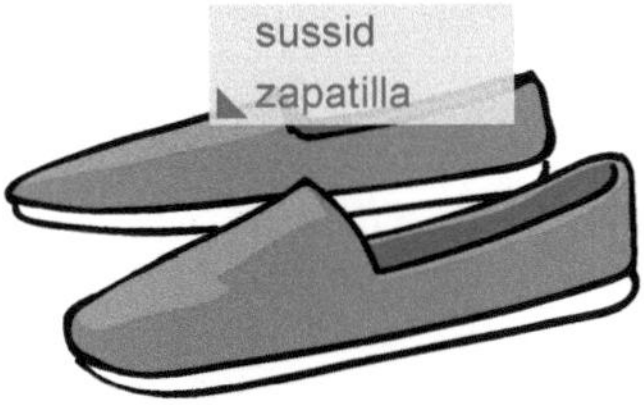

sall
chal

vihmavari
paraguas

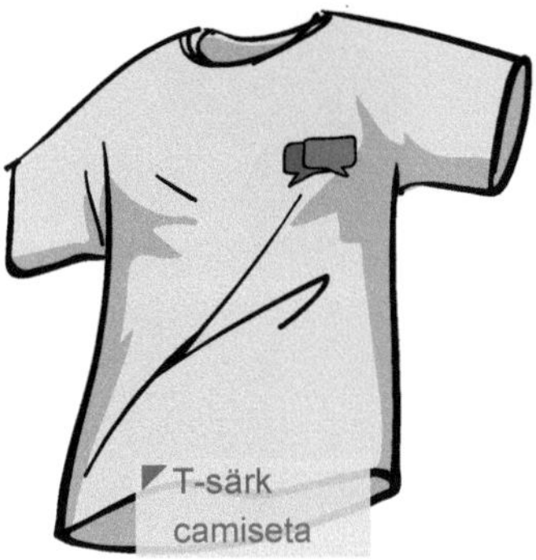

T-särk
camiseta

vöö
cinturón

saapad
botas

sussid
zapatilla

tossud
deportivas

sandaalid
·················
sandalias

jalatsid
·················
zapatos

kummikud
·················
botas de goma

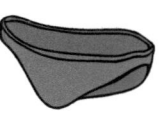

aluspüksid
·················
ropa interior

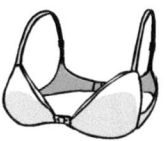

rinnahoidja
·················
corpiño

vest
·················
camiseta

bodi

body

püksid

pantalón

teksapüksid

jeans

seelik

falda

pluus

blusa

särk

camisa

sviiter

pullover

dressipluus

sweater

bleiser

blazer

jakk

chaqueta

mantel

abrigo

vihmamantel

impermeable

kostüüm

traje chaqueta

kleit

vestido

pulmakleit

vestido de bodas

ülikond

traje

öösärk

camisón

pidžaama

pijama

sari

sari

pearätt

pañuelo de cabeza

turban

turbante

burka

burka

kaftan

caftán

abayah

abaya

ujumistrikoo

traje de baño

ujumispüksid

bañador

lühikesed püksid

shorts

dressid

chándal

põll

delantal

kindad

guante

nööp

botón

prillid

gafa

käevõru

brazalete

kaelakee

cadena

sõrmus

anillo

kõrvarõngas

aro

nokamüts

gorra

riidepuu

percha

kaabu

sombrero

lips

corbata

tõmblukk

cierre a cremallera

kiiver

casco

traksid

tiradores

koolivorm

uniforme escolar

vormirõivad

uniforme

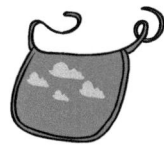

pudipõll

babero

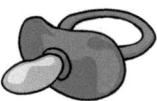

lutt

chupete

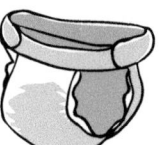

mähe

pañal

kontor

oficina

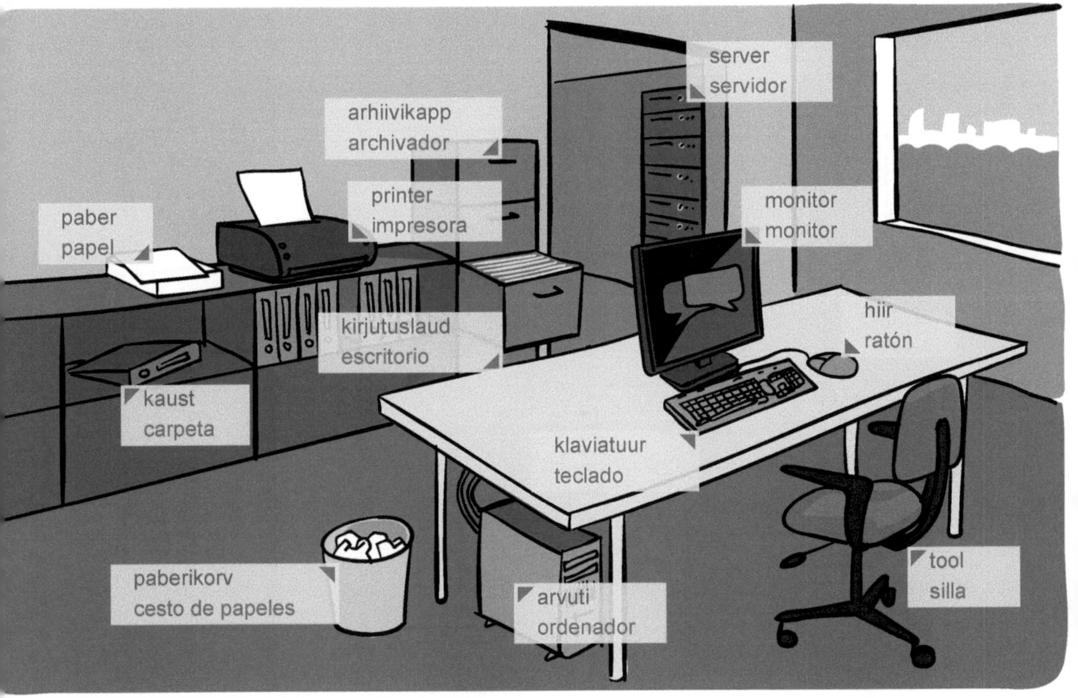
server
servidor
arhiivikapp
archivador
printer
impresora
paber
papel
monitor
monitor
hiir
ratón
kirjutuslaud
escritorio
kaust
carpeta
klaviatuur
teclado
paberikorv
cesto de papeles
arvuti
ordenador
tool
silla

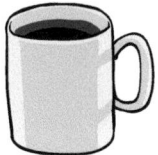

kohvikruus

taza de café

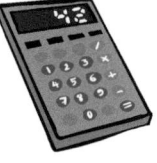

kalkulaator

calculadora

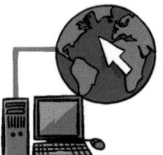

internet

internet

sülearvuti

laptop

kiri

carta

sõnum

mensaje

mobiiltelefon

teléfono móvil

võrk

red

koopiamasin

fotocopiadora

tarkvara

software

telefon

teléfono

pistikupesa

tomacorriente

faksimasin

máquina de fax

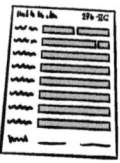

vorm

formulario

dokument

documento

ostma

comprar

maksma

pagar

vahetama

comerciar

raha

dinero

USD

dollar

dólar

EUR

euro

euro

JPY

jeen

yen

RUB

rubla

rublo

CHF

Šveitsi frank

franco

CNY

renminbi jüaan

renminbi

INR

ruupia

rupia

sularahaautomaat

cajero automático

valuutavahetuspunkt

casa de cambio

kuld

oro

hõbe

plata

nafta

petróleo

energia

energía

hind

precio

leping

contrato

maks

impuesto

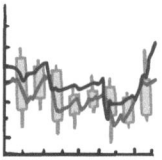

aktsia

acción

töötama

trabajar

töötaja

empleado

tööandja

empleador

tehas

fábrica

kauplus

negocio

majandus - economía

politseinik
policía

tuletõrjuja
bombero

kokk
cocinero

arst
médico

piloot
piloto

aednik

jardinero

puusepp

carpintero

õmbleja

costurera

kohtunik

juez

keemik

químico

näitleja

actor

bussijuht

conductor de autobús

taksojuht

taxista

kalamees

pescador

koristaja

mujer de la limpieza

katusepaigaldaja

techista

kelner

camarero

jahimees

cazador

maaler

pintor

pagar

panadero

elektrik

electricista

ehitaja

albañil

insener

ingeniero

lihunik

carnicero

torumees

fontanero

postiljon

cartero

sõdur
soldado

arhitekt
arquitecto

kassapidaja
cajero

lillemüüja
florista

juuksur
peluquero

piletikontrolör
cobrador

mehaanik
mecánico

kapten
capitán

hambaarst
odontólogo

teadlane
científico

rabi
rabino

imaam
imam

munk
monje

preester
párroco

tööriistad
herramientas

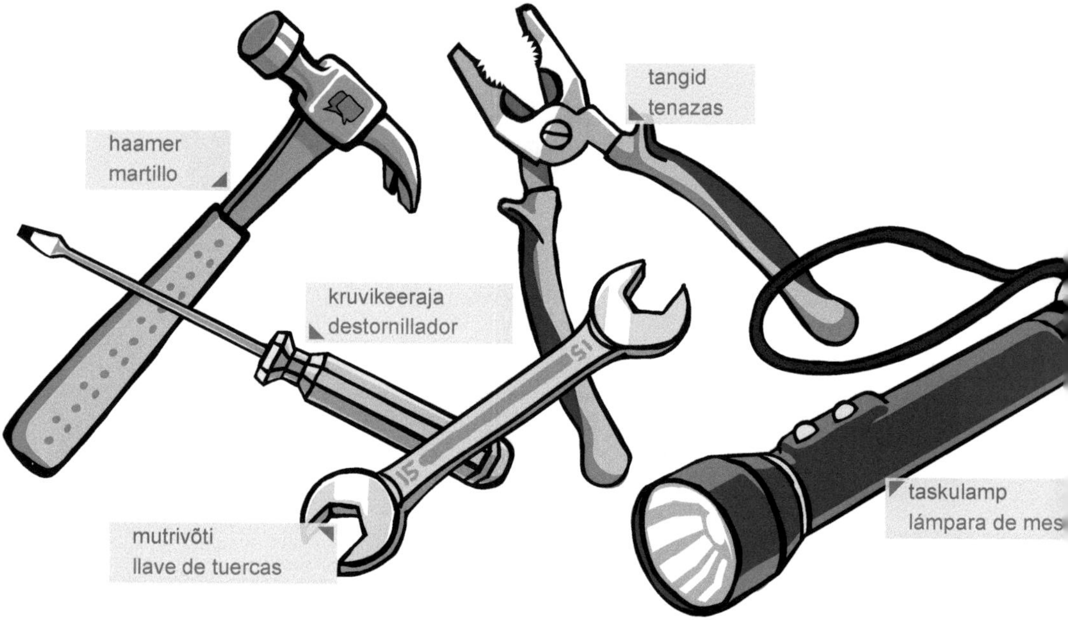

haamer
martillo
tangid
tenazas
kruvikeeraja
destornillador
mutrivõti
llave de tuercas
taskulamp
lámpara de mes

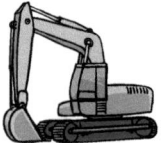

ekskavaator

excavadora

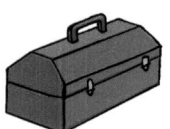

tööriistakast

caja de herramientas

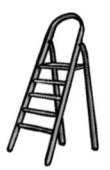

redel

escalerilla

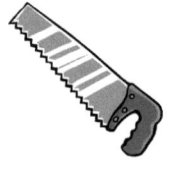

saag

serrucho

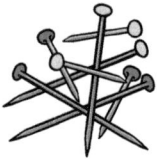

naelad

clavos

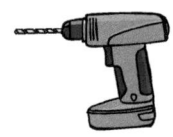

trell

taladro

parandama

reparar

labidas

pala

Põrgusse!

¡Maldición!

kühvel

recogedor

värvipott

lata de pintura

kruvid

tornillos

pillid
instrumentos musicales

trummikomplekt
batería

kõlar
altavoz

kitarr
guitarra

kontrabass
contrabajo

trompet
trompeta

klaver

piano

viiul

violín

bass

bajo

timpan

timbales

trummid

tambor

süntesaator

teclado

saksofon

saxofón

flööt

flauta

mikrofon

micrófono

sissepääs
entrada

tiiger
tigre

puur
jaula

sebra
cebra

loomasööt
comida para animales

panda
panda

loomad
animales

elevant
elefante

känguru
canguro

ninasarvik
rinoceronte

gorilla
gorila

karu
oso

kaamel

camello

jaanalind

avestruz

lõvi

león

ahv

mono

flamingo

flamengo

papagoi

papagayo

jääkaru

oso polar

pingviin

pingüino

hai

tiburón

paabulind

pavo real

madu

serpiente

krokodill

cocodrilo

loomaaiatalitaja

cuidador del zoológico

hüljes

foca

jaaguar

jaguar

poni

pony

leopard

leopardo

jõehobu

hipopótamo

kaelkirjak

jirafa

kotkas

águila

metssiga

jabalí

kala

pescado

kilpkonn

tortuga

morsk

morsa

rebane

zorro

gasell

gacela

Ameerika jalgpall
fútbol americano

jalgrattasõit
ciclismo

tennis
tenis

korvpall
baloncesto

ujumine
natación

poksimine
boxeo

jäähoki
hockey sobre hielo

jalgpall

fútbol

sulgpall

badminton

kergejõustik

atletismo

käsipall

balonmano

suusatamine

esquí

polo

polo

tegevused
actividades

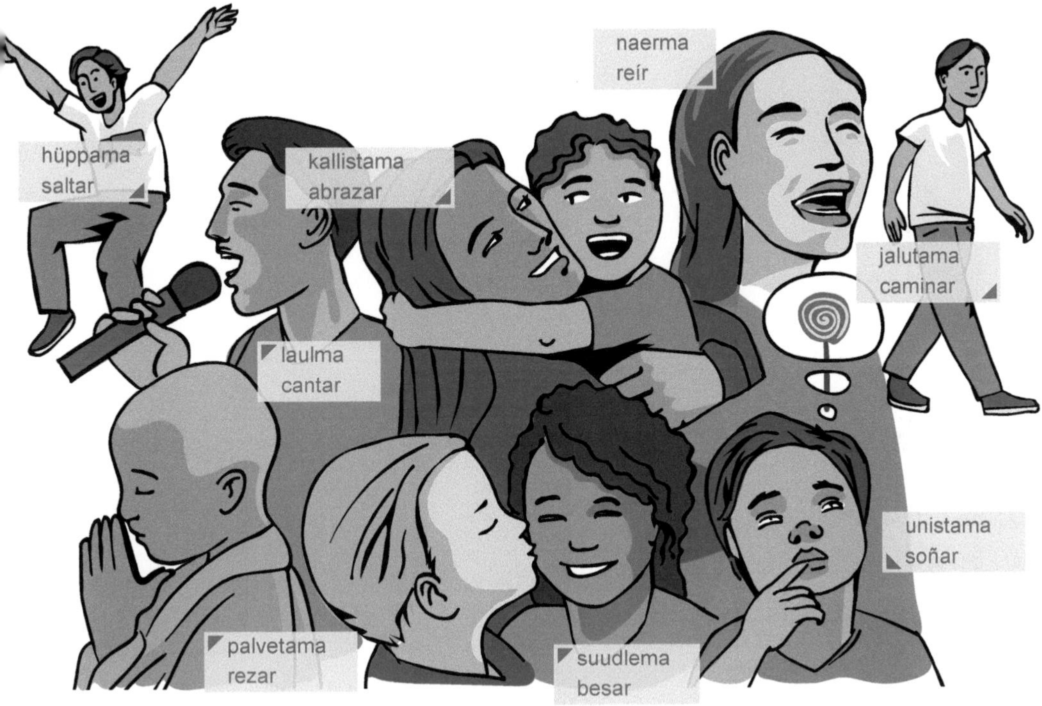

hüppama
saltar
kallistama
abrazar
naerma
reír
jalutama
caminar
laulma
cantar
unistama
soñar
palvetama
rezar
suudlema
besar

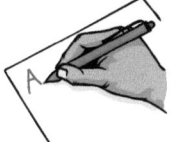

kirjutama

escribir

joonistama

dibujar

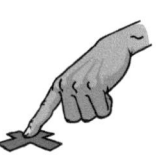

näitama

mostrar

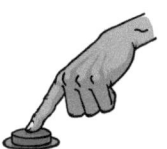

lükkama

presionar

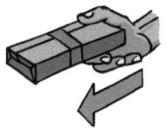

andma

dar

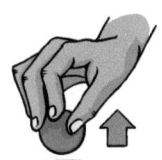

võtma

tomar

omama

tener

tegema

hacer

olema

ser

seisma

estar de pie

jooksma

correr

tõmbama

tirar

viskama

arrojar

kukkuma

caer

lamama

estar acostado

ootama

esperar

kandma

llevar

istuma

estar sentado

riidesse panema

vestirse

magama

dormir

ärkama

despertar

vaatama

mirar

nutma

llorar

paitama

acariciar

kammima

peinarse

rääkima

conversar

aru saama

entender

küsima

preguntar

kuulama

oír

jooma

beber

sööma

comer

korrastama

asear

armastama

amar

süüa tegema

cocinar

sõitma

conducir

lendama

volar

purjetama

navegar

arvutama

calcular

lugema

leer

õppima

aprender

töötama

trabajar

abielluma

casarse

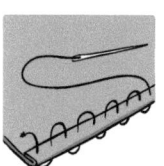

õmblema

coser

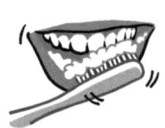

hambaid pesema

limpiarse los dientes

tapma

matar

suitsetama

fumar

saatma

enviar

vanaema
abuela

vanaisa
abuelo

isa
padre

ema
madre

imik
bebé

tütar
hija

poeg
hijo

külaline
invitado

tädi
tía

onu
tío

vend
hermano

õde
hermana

keha

cuerpo

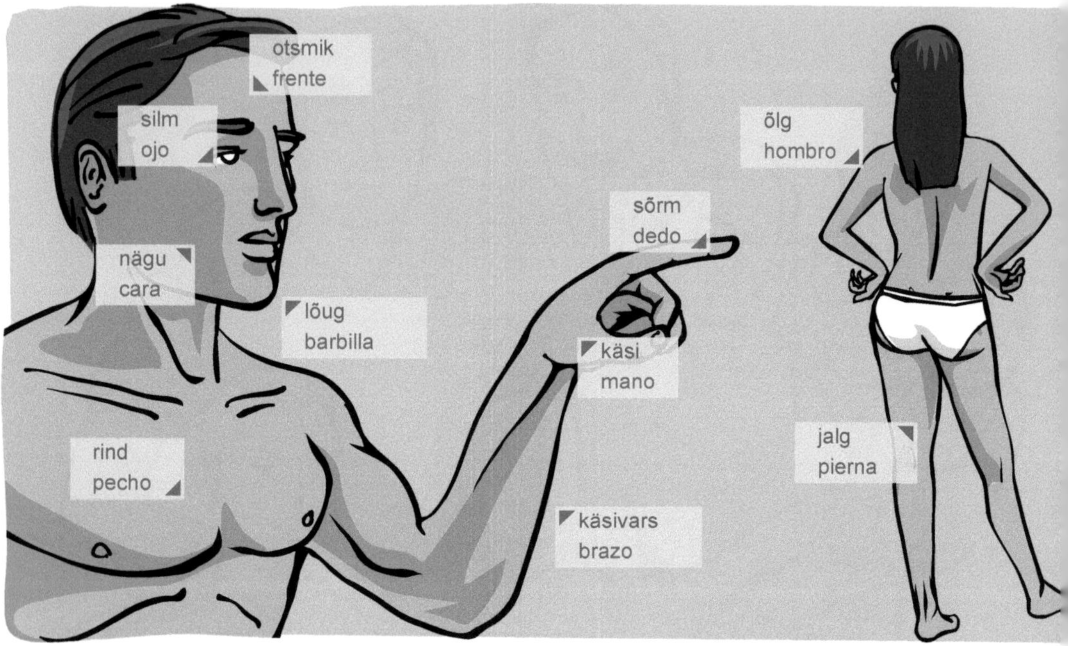

otsmik
frente

silm
ojo

õlg
hombro

sõrm
dedo

nägu
cara

lõug
barbilla

käsi
mano

rind
pecho

jalg
pierna

käsivars
brazo

imik
bebé

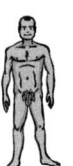

mees
hombre

naine
mujer

tüdruk
muchacha

poiss
joven

pea
cabeza

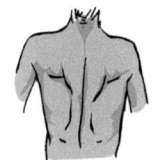

selg

espalda

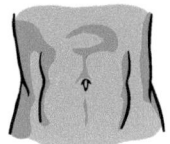

kõht

vientre

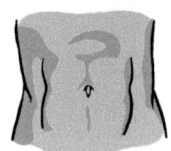

naba

ombligo

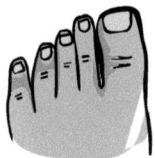

varvas

dedo del pie

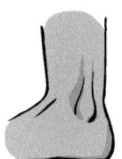

kand

talón

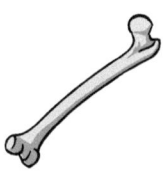

luu

hueso

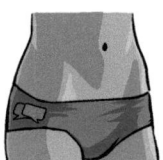

puus

cadera

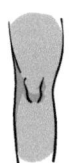

põlv

rodilla

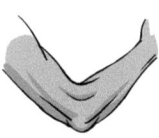

küünarnukk

codo

nina

nariz

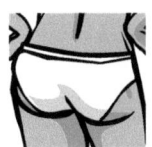

tagumik

trasero

nahk

piel

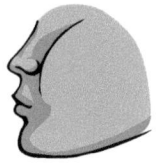

põsk

mejilla

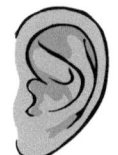

kõrv

oreja

huuled

labio

suu

boca

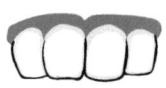

hammas

diente

keel

lengua

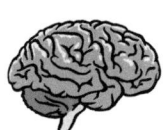

aju

cerebro

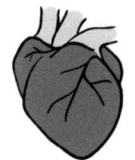

süda

corazón

lihas

músculo

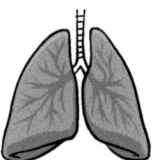

kops

pulmón

maks

hígado

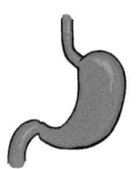

magu

estómago

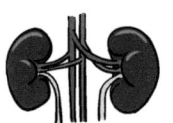

neerud

riñones

seksuaalvahekord

relación sexual

kondoom

condón

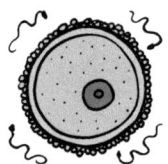

munarakk

Óvulo

sperma

esperma

rasedus

embarazo

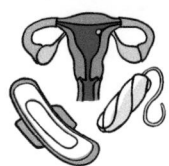

menstruatsioon

menstruación

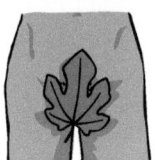

vagiina

vagina

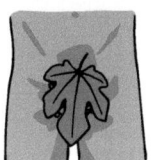

peenis

pene

kulm

ceja

juuksed

cabello

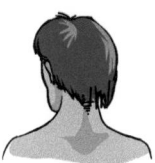

kael

cuello

haigla
hospital

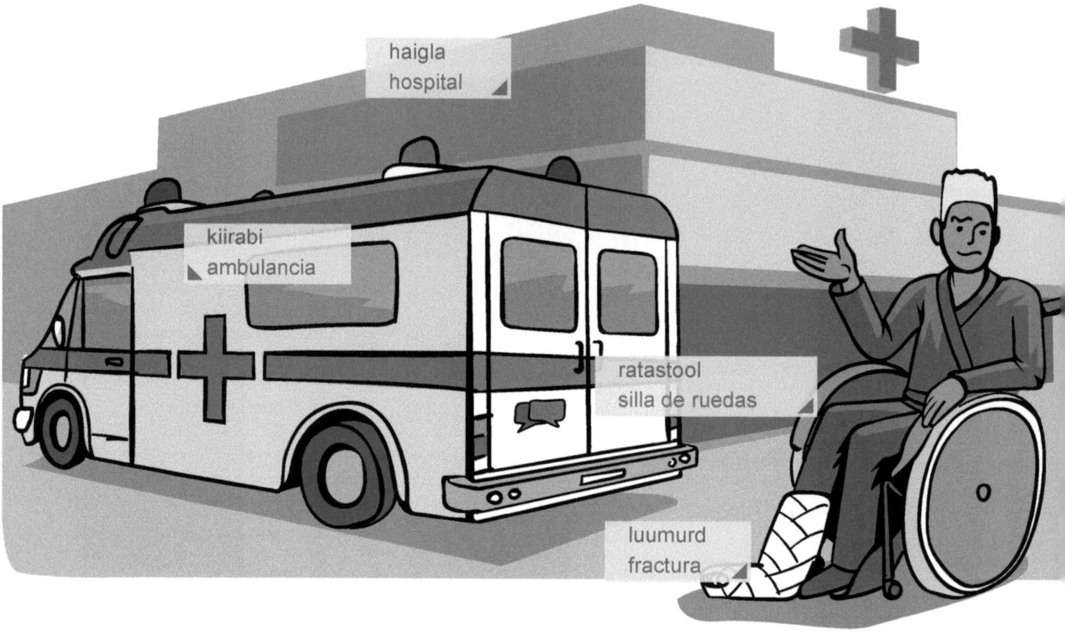

haigla
hospital
kiirabi
ambulancia
ratastool
silla de ruedas
luumurd
fractura

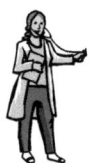

arst

médico

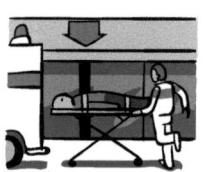

traumapunkt

admisión de urgencia

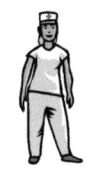

meditsiiniõde

enfermera

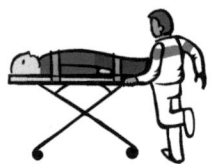

hädaolukord

emergencia

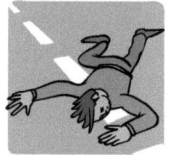

teadvuseta

inconsciente

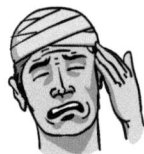

valu

dolor

vigastus

lesión

verejooks

hemorragia

südamerabandus

infarto de miocardio

insult

apoplejía cerebral

allergia

alergia

köha

tos

palavik

fiebre

gripp

gripe

kõhulahtisus

diarrea

peavalu

dolor de cabeza

vähk

cáncer

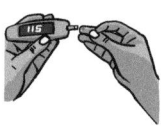

diabeet

diabetes

kirurg

cirujano

skalpell

escalpelo

operatsioon

operación

KT

TC

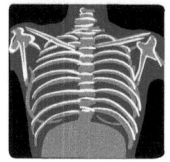

röntgen

rayos X

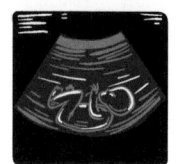

ultraheli

ultrasonido

mask

máscara

haigus

enfermedad

ooteruum

sala de espera

kark

muleta

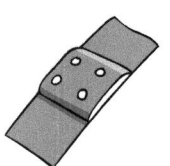

kips

emplasto

side

vendaje

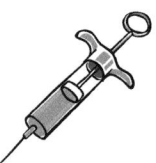

süst

inyección

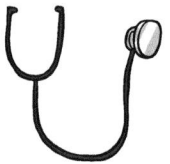

stetoskoop

estetoscopio

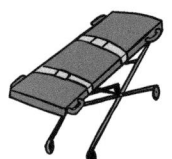

kanderaam

camilla

kraadiklaas

termómetro

sünd

nacimiento

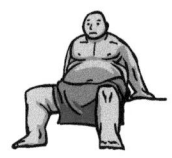

ülekaaluline

sobrepeso

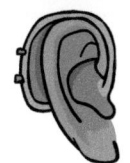

kuuldeaparaat

audífono

desinfektsioonivahend

desinfectante

põletik

infección

viirus

virus

HIV / AIDS

VIH / SIDA

meditsiin

medicina

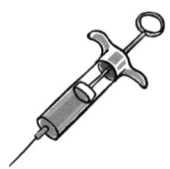

vaktsineerimine

vacunación

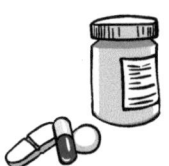

tabletid

comprimido

pill

píldora anticonceptiva

hädaabikõne

llamada de emergencia

vererõhuaparaat

medidor de presión arterial

haige / terve

enfermo / saludable

Appi!

¡Ayuda!

häire

alarma

kallaletung

asalto

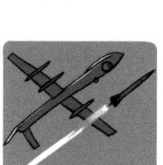

rünnak

ataque

oht

peligro

avariiväljapääs

salida de emergencia

Tulekahju!

¡Fuego!

tulekustuti

extintor

õnnetus

accidente

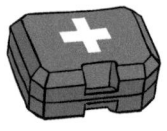

esmaabikomplekt

kit de primeros auxilios

SOS

SOS

politsei

Policía

Euroopa

Europa

Põhja-Ameerika

América del Norte

Lõuna-Ameerika

América del Sur

Aafrika

África

Aasia

Asia

Austraalia

Australia

Atlandi ookean

Atlántico

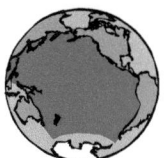

Vaikne ookean

Pacífico

India ookean

Océano Índico

Lõuna-Jäämeri

Océano Antártico

Põhja-Jäämeri

Océano Ártico

põhjapoolus

Polo Norte

lõunapoolus

Polo Sur

Antarktika

Antártida

Maa

Tierra

maismaa

país

meri

mar

saar

isla

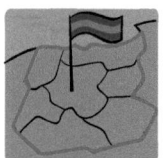

rahvus

nación

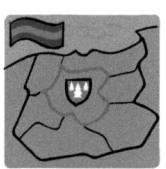

riik

Estado

sihverplaat

cuadrante

tunniosuti

horario

minutiosuti

minutero

sekundiosuti

segundero

Mis kell on?

¿Qué hora es?

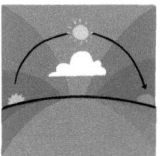

päev

día

aeg

tiempo

praegu

ahora

digitaalne kell

reloj digital

minut

minuto

tund

hora

nädal
semana

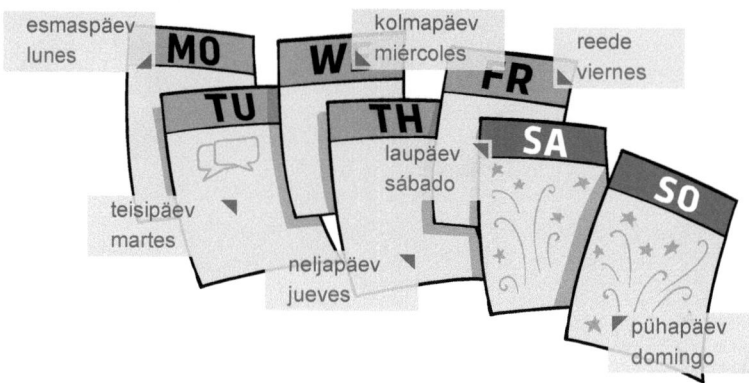

esmaspäev / lunes — MO
teisipäev / martes — TU
kolmapäev / miércoles — W
neljapäev / jueves — TH
reede / viernes — FR
laupäev / sábado — SA
pühapäev / domingo — SO

eile
....
ayer

täna
....
hoy

homme
....
mañana

hommik
....
mañana

lõuna
....
mediodía

õhtu
....
tarde

tööpäevad
....
jornada de trabajo

nädalavahetus
....
fin de semana

aasta

año

vikerkaar
arco iris
vihm
lluvia
lumi
nieve
tuul
viento
kevad
primavera
sügis
otoño
suvi
verano
talv
invierno

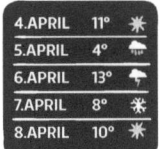

4.APRIL 11°
5.APRIL 4°
6.APRIL 13°
7.APRIL 8°
8.APRIL 10°

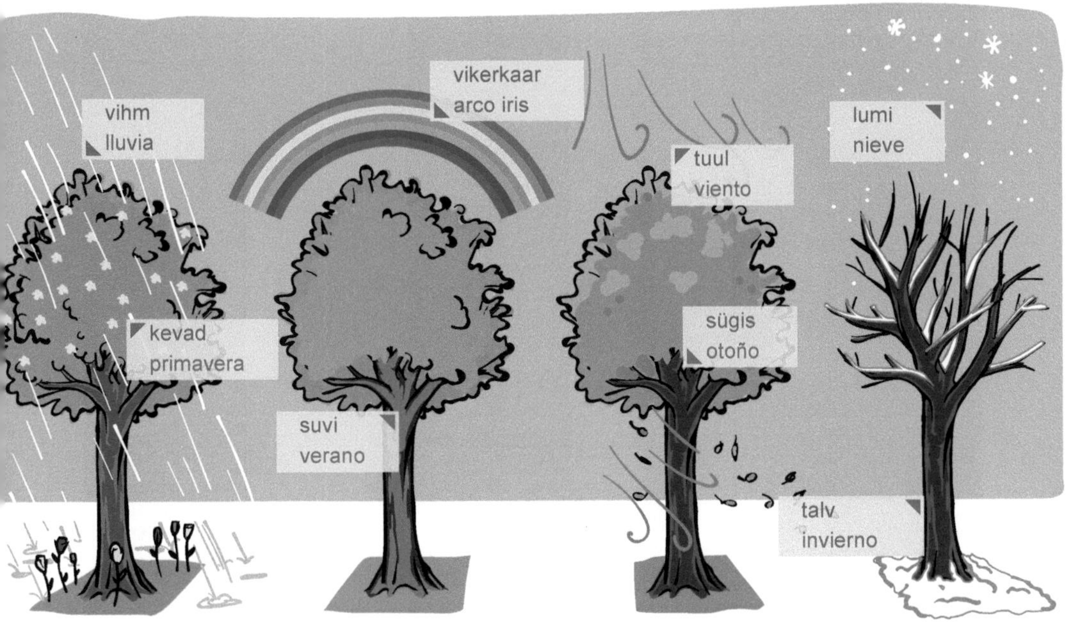

ilmaennustus

pronóstico meteorológico

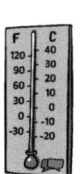

F C
120 40
90 30
60 20
30 10
0 0
-30 -10
-20

termomeeter

termómetro

päikesepaiste

luz solar

pilv

nube

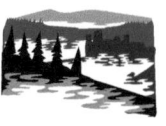

udu

niebla

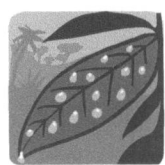

niiskus

humedad ambiente

pikne

relámpago

kõu

trueno

torm

tormenta

rahe

granizo

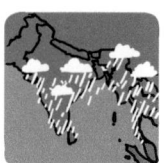

mussoon

monzón

üleujutus

inundación

jää

hielo

jaanuar

enero

veebruar

febrero

märts

marzo

aprill

abril

mai

mayo

juuni

junio

juuli

julio

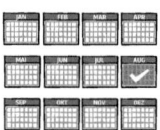

august

agosto

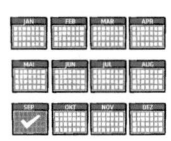

september
....
septiembre

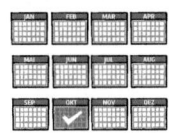

oktoober
....
octubre

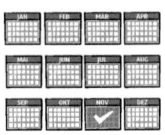

november
....
noviembre

detsember
....
diciembre

kujundid
formas

ring
....
círculo

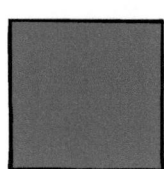

ruut
....
cuadrado

nelinurk
....
rectángulo

kolmnurk
....
triángulo

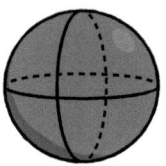

kera
....
esfera

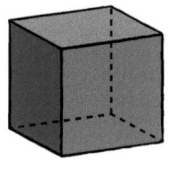

kuup
....
cubo

valge

blanco

kollane

amarillo

oranž

anaranjado

roosa

rosa

punane

rojo

lilla

lila

sinine

azul

roheline

verde

pruun

marrón

hall

gris

must

negro

palju / vähe

mucho / poco

vihane / rahulik

enojado / calmado

ilus / inetu

bonito / feo

algus / lõpp

comienzo / fin

suur / väike

grande / pequeño

hele / tume

claro / oscuro

vend / õde

hermano / hermana

puhas / must

limpio / sucio

täielik / puudulik

completo / incompleto

päev / öö

día / noche

surnud / elus

muerto / vivo

lai / kitsas

ancho / angosto

söödav / mittesöödav

disfrutable / no disfrutable

kuri / sõbralik

malo / amigable

põnevil / tüdinud

excitado / aburrido

paks / peenike

gordo / delgado

esimene / viimane

primero / último

sõber / vaenlane

amigo / enemigo

täis / tühi

lleno / vacío

kõva / pehme

duro / suave

raske / kerge

pesado / liviano

nälg / janu

hambre / sed

haige / terve

enfermo / saludable

ebaseaduslik / seaduslik

ilegal / legal

tark / rumal

inteligente / tonto

vasak / parem

izquierda / derecha

lähedal / kaugel

cercano / lejano

uus / kasutatud

nuevo / usado

mitte midagi / midagi

nada / algo

vana / noor

viejo / joven

sees / väljas

encendido / apagado

lahti / kinni

abierto / cerrado

vaikne / vali

bajo / fuerte

rikas / vaene

rico / pobre

õige / vale

correcto / incorrecto

kare / sile

áspero / liso

kurb / rõõmus

triste / alegre

lühike / pikk

breve / extenso

aeglane / kiire

lento / veloz

märg / kuiv

mojado / seco

soe / jahe

caliente / frío

sõda / rahu

guerra / paz

0

null
cero

1

üks
uno

2

kaks
dos

3

kolm
tres

4

neli
cuatro

5

viis
cinco

6

kuus
seis

7

seitse
siete

8

kaheksa
ocho

9

üheksa
nueve

10

kümme
diez

11

üksteist
once

12
kaksteist

doce

13
kolmteist

trece

14
neliteist

catorce

15
viisteist

quince

16
kuusteist

dieciséis

17
seitseteist

diecisiete

18
kaheksateist

dieciocho

19
üheksateist

diecinueve

20
kakskümmend

veinte

100
sada

cien

1.000
tuhat

mil

1.000.000
miljon

millón

inglise

inglés

Ameerika inglise

inglés estadounidense

mandariini

chino mandarín

hindi

hindi

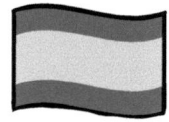

hispaania

español

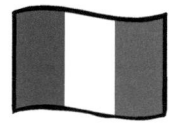

prantsuse

francés

araabia

árabe

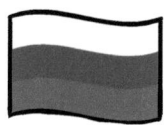

vene

ruso

portugali

portugués

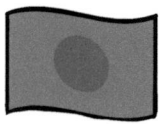

bengali

bengalí

saksa

alemán

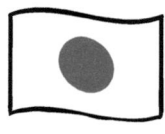

jaapani

japonés

mina

yo

sina

tú

tema

él / ella

meie

nosotros

teie

vosotros

nemad

ellos

kes?

¿quién?

mis?

¿qué?

kuidas?

¿cómo?

kus?

¿dónde?

millal?

¿cuándo?

nimi

nombre

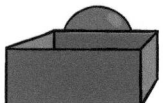

taga

detrás

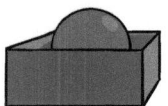

sees

en

ees

delante de

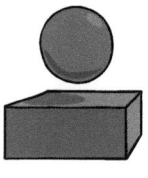

kohal

encima de

peal

sobre

all

debajo de

kõrval

junto a

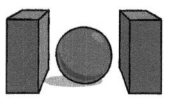

vahel

entre

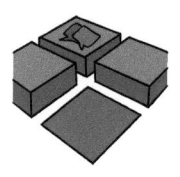

koht

lugar